I0424015

Henri Blerzy

Les Mésaventures d'un peuple heureux

essai

Le code de la propriété intellectuelle du 1er juillet 1992 interdit en effet expressément la photocopie à usage collectif sans autorisation des ayants droit. Or, cette pratique s'est généralisée dans les établissements d'enseignement supérieur, provoquant une baisse brutale des achats de livres et de revues, au point que la possibilité même pour les auteurs de créer des oeuvres nouvelles et de les faire éditer correctement est aujourd'hui menacée. En application de la loi du 11 mars 1957, il est interdit de reproduire intégralement ou partiellement le présent ouvrage, sur quelque support que ce soit, sans autorisation de l'Editeur ou du Centre Français d'Exploitation du Droit de Copie , 20, rue Grands Augustins, 75006 Paris.

ISBN : 978-1534870949

10 9 8 7 6 5 4 3 2 1

Henri Blerzy

Les Mésaventures d'un peuple heureux

essai

Table de Matières

Première partie

Heureuse Angleterre ! s'écriait en guise d'épilogue l'auteur d'un écrit fort remarqué sur la guerre actuelle que publiait l'*Edinburgh Review* au mois d'octobre 1870. Heureuse Angleterre ! répétaient en chœur, il y a peu de mois, presque tous les organes de l'opinion publique au-delà de la Manche. Heureuse Angleterre, qui ne subit pas, comme la France, la honte et les douleurs d'une invasion, et qui n'a pas même, comme la Prusse, à pourvoir aux pesantes nécessités d'une lutte victorieuse ! Et si les hommes d'état de la Grande-Bretagne attribuaient ce grand bonheur à ce que leur pays, dans sa sagesse, n'avait ni territoire à revendiquer ni principe à faire prévaloir en Europe, on rencontrait parfois un partisan de doctrines récentes prêt à dire : — Heureuse Angleterre, qui ne fait plus la guerre ni pour des faits ni pour des principes !

Mais depuis quatre mois cette politique égoïste a été, de l'aveu des Anglais eux-mêmes, la source d'amères déceptions ; il y a plus, elle commence à mettre la Grande-Bretagne en péril. Lord Palmerston, s'il était encore de ce monde, hésiterait à répéter sa maxime favorite, que les plus graves intérêts de l'Angleterre sont au Canada, dans l'Inde, en Australie, en Chine, et non plus en Europe. Ces quatre mois en effet ont été fertiles en incidents où l'honneur et la prospérité de nos amis d'outre-Manche ont reçu de rudes atteintes. Plus d'une fois les paraphrases ingénieuses du langage diplomatique ont réussi tout juste à voiler des affronts directs. Cependant l'Anglais est fier, jaloux de son honneur et encore plus de ses droits. Comment ne s'arrache-t-il pas en ce moment, par une réaction violente, à une situation qui blesse son orgueil et compromet son intérêt ? C'est que, nous essaierons de le montrer, la politique d'abstention qu'il a pratiquée pendant quinze ans n'est pas de celles que l'on répudie du jour au lendemain. En eût-elle la volonté, la Grande-Bretagne n'aurait pas la force de reprendre aujourd'hui dans les conseils européens la part prépondérante qui lui revient à juste titre.

L'écrit anonyme dont nous parlions en commençant est, dit-on, l'œuvre de M. Gladstone. Ce serait alors, sous une forme moins suspecte et plus littéraire, une de ces œuvres de louange officielle dont une triste expérience nous apprend à nous défier. Après avoir été pendant une année et plus le chef du gouvernement, M. Gladstone ne peut avouer que son pays soit moins heureux maintenant qu'à la fin de 1868. Or, il y a treize ou quatorze mois, à l'époque où cet illustre homme d'état devenait premier ministre avec l'appui d'une majorité compacte et nombreuse, comme on en voit rarement sous le régime parlementaire, l'Angleterre avait tous les bonheurs, nous en convenons bien volontiers. À l'intérieur, le libre jeu des institutions aplanissait toutes les difficultés. Il y en a une preuve bien éloquente, quoique peu remarquée : depuis longtemps, le ministre de l'intérieur, *home department*, a été, sauf une ou deux exceptions, l'un des membres les plus insignifiants du cabinet. La réforme parlementaire était venue à point pour calmer les agitations ouvrières, et c'était justice qu'elle y eût réussi, car elle était plus encore une promesse pour l'avenir qu'un gage pour le présent. L'industrie était prospère, le commerce florissant. Le chancelier de l'échiquier annonçait triomphalement chaque année une réduction simultanée de l'impôt et de la dette publique. À l'extérieur, l'Europe était calme. Le gouvernement anglais affectait de ne s'intéresser qu'à deux questions, la neutralité de la Belgique et le maintien de l'empire ottoman. Or Anvers et Constantinople n'étaient que tout juste assez menacées pour que l'Angleterre se crût obligée de conserver une faible armée de terre. Encore les esprits froidement calculateurs, — il y en a bon nombre dans les îles britanniques, — déclaraient-ils cette armée trop onéreuse, et le secrétaire du *war office* s'ingéniait à réduire chaque année le budget de son ministère. Le parlement l'encourageait dans cette voie d'économies exagérées.

Hors d'Europe, la guerre d'Abyssinie avait été l'une de ces fantaisies coûteuses, mais non sans gloire ni profit, que peuvent se payer de temps en temps les peuples riches ; elle avait eu pour conséquence de consolider l'influence anglaise en Orient. L'Inde était tranquille, en voie de se transformer par les canaux, les routes et les chemins de fer. En Chine, l'accord entre la race blanche et la race jaune semblait durable ; on s'attendait si peu à la recrudescence d'animosité dont les derniers paquebots nous ont apporté les douloureux récits, que l'ambassadeur de sa majesté chinoise était reçu avec autant d'égards à Londres que les ambassadeurs des nations civilisées,

Première partie

concession étrange en faveur d'un potentat qui, dans ses audiences officielles, traitait le représentant de l'Angleterre sur le même pied que celui des Thibétains, ses vassaux. Les possessions anglaises de l'Amérique du Nord venaient de s'unir dans le *Dominion of Canada* avec de chaleureuses protestations d'attachement à la couronne britannique. Les colonies de l'Océan austral n'étaient ni moins loyales ni moins tranquilles que le Canada. Un dissentiment, il est vrai, s'était élevé entre la Nouvelle-Zélande et la mère-patrie à propos d'une garnison de troupes métropolitaines que les colons voulaient conserver sans en payer la dépense ; mais ce dissentiment avait été en définitive une occasion de bien poser en principe qu'une colonie n'est digne de se régir elle-même qu'à la condition de se suffire. Le devoir imposé aux établissements lointains de s'armer et de se défendre par leurs propres ressources rendait possible une nouvelle réduction de l'armée, nouvelle source d'économies que le chancelier de l'échiquier se gardait de négliger. Dans ce ciel sans nuages de l'horizon britannique, l'œil le plus attentif ne pouvait discerner qu'un léger brouillard, d'où il n'était guère probable que la tempête pût sortir. Les États-Unis s'obstinaient à réclamer la réparation qu'ils se croyaient due pour de prétendues faveurs illicites que la Grande-Bretagne aurait accordées aux confédérés pendant la guerre de sécession. Les éléments de cette affaire assez complexe ont été exposés dans la *Revue* (1ᵉʳ et 15 septembre 1870). Le gouvernement de Washington paraissait peu pressé de terminer cette contestation, et les Anglais avaient quelque espoir que le temps éteindrait des griefs qu'ils refusaient d'admettre comme légitimes.

Eh bien ! n'est-ce pas un peuple heureux que celui qui peut parcourir l'Europe et faire le tour du globe sans rencontrer des visages ouvertement hostiles ? N'y a-t-il pas aussi du bonheur à se dire qu'aucune question politique intérieure n'est assez menaçante pour exiger une solution hâtive d'où la sagesse et la maturité seraient exclues ? L'union des partis était telle que les vieilles dénominations de whigs et de tories tombaient elles-mêmes en désuétude. Les tories, représentants du parti conservateur, avaient proposé et fait voter l'extension de la franchise électorale. Un ministère whig, sans rencontrer d'opposition violente, avait démoli l'édifice caduc de l'église établie en Irlande. Encore une fois, la paix

Henri Blerzy

dans les relations internationales, le calme à l'intérieur, l'aptitude à résoudre chacune à son heure les questions dont les progrès du siècle imposent l'examen, cela ne constitue-t-il pas le régime d'un peuple heureux ? Oui, sans doute, ce serait assez, si c'était durable. Par malheur, ce régime reposait sur des bases instables. Nous laisserons à d'autres le soin de rechercher si la prospérité intérieure de la Grande-Bretagne est minée par des vices encore cachés, nous contentant de faire voir que sa sécurité à l'extérieur n'avait d'autre appui que l'équilibre européen, et qu'elle a été en péril dès que cet équilibre, dont elle disait ne plus se soucier, a été détruit par les événements.

I.

Nous nous proposons donc de passer en revue successivement la situation de l'Angleterre vis-à-vis des grandes puissances. Commençons par les États-Unis et rappelons d'abord les anciens sujets de litige entre les deux nations. Les États-Unis reprochent à l'Angleterre d'abord d'avoir accordé aux insurgés du sud la qualité et le bénéfice de belligérants dès le début des hostilités, en second lieu d'avoir autorisé la construction dans ses chantiers maritimes de corsaires confédérés, — le plus célèbre est l'*Alabama*, — armés et équipés par des négociants anglais, montés en grande partie par des matelots anglais, ravitaillés dans des ports anglais, et qui ont causé au commerce de l'Union des dommages évalués à plus de 60 millions de francs. La guerre de sécession étant terminée depuis longtemps, le premier de ces deux griefs n'a plus qu'un intérêt théorique ; le gouvernement de Washington ne le maintient que comme question de forme. Quant au second, il se résoudrait naturellement par une question d'indemnité pécuniaire que le cabinet de Londres, dans un esprit de conciliation, propose de déférer au jugement d'un arbitre. Cette solution, formulée en un traité diplomatique, a été rejetée d'un commun accord par le sénat et par le président de l'Union. En effet, ce n'est pas de l'argent que les Américains veulent tirer de cette contestation. Après avoir traîné l'affaire en longueur d'une manière propre à inspirer quelques soupçons aux gens impartiaux, ils ont enfin avoué leurs secrètes intentions par l'organe de quelques politiques aventureux. L'histoire ne laisse pas que d'en être curieuse. Il s'agit, souvenons-nous-en, de navires du commerce capturés à la mer. Quelles ont été les victimes de ces faits de guerre ? Les armateurs et chargeurs ? Nullement, nous dit-on, car ils s'étaient fait assurer contre les risques de guerre ; les compagnies d'assurances les ont indemnisés. Sont-ce donc les assureurs ? Non encore, car ils ont fait entrer en ligne de compte dans leurs contrats les chances de capture par les corsaires confédérés, et ils ont réglé leurs tarifs de garanties en conséquence. Si l'indemnité que paiera l'Angleterre était versée aux assureurs, ceux-ci devraient en bonne justice restituer les primes d'assurances qu'ils ont perçues. Que si au contraire les armateurs et chargeurs recevaient l'argent de la Grande-Bretagne, il y aurait double décompte à faire : restitution des indemnités payées par les compagnies et des primes payées par les assurés. En l'un comme en l'autre cas, il faudrait revenir sur des contrats déjà anciens et liquidés par un commun accord des parties, opération qui serait mauvaise partout et qui le serait plus encore chez une nation essentiellement commerçante. Qu'en conclure, si ce n'est que l'argent anglais doit tomber dans la caisse de l'Union ? S'il en est ainsi, l'affaire devient facile à arranger. On nous cite un précédent dont nous ne pouvons, dans les circonstances actuelles, vérifier l'exactitude. Vers la fin du XVIIIe siècle, le commerce américain avait à faire valoir des réclamations de même nature contre des corsaires français. Les traités de 1800 et de 1803 mirent fin au litige, non par le paiement d'une indemnité pécuniaire, mais par l'abandon de la Louisiane aux États-Unis. Les Américains ont donc suggéré que l'affaire s'arrangerait facilement par la cession de la Jamaïque, des Bermudes et de l'archipel des Bahama. Puis, sans s'inquiéter davantage de ces îles isolées dont ils se soucient médiocrement, ils ont avoué qu'il leur faut en guise de compensation toutes les possessions anglaises de l'Amérique du Nord, y compris le Canada.

Ce n'est pas là, convenons-en bien vite, la politique officielle du cabinet de l'Union. Tout au plus s'est-il permis de faire entendre, par l'organe de son ambassadeur à Londres, qu'une cession de territoire mettrait fin au conflit. Cette ouverture n'ayant pas été accueillie, il n'a point insisté ; mais en Amérique plus qu'en aucun autre pays l'utopie de la veille peut devenir le lendemain une

Henri Blerzy

réalité. Il suffit que le projet soit pris en main par un de ces hommes d'état aventureux comme on en rencontre beaucoup au-delà de l'Atlantique. Il y a là-bas un certain général Butler qui est un de ces hommes. Officier équivoque, car il a été révoqué par le général Grant pendant la guerre de sécession, mauvais administrateur, orateur violent, le général Butler a laissé de fâcheux souvenirs partout où il est passé, s'il faut en croire les journaux anglais, qui sont, il est vrai, empreints de partialité à son sujet. Il est doué d'un talent particulier qui le fait surnager malgré tous ces défauts ; il s'entend à merveille à manier les électeurs. Il a été élu membre de la chambre des représentants, non point par l'un des nouveaux états de l'ouest, ouvert à tous les intrigants, mais par le Massachusetts, l'un des états les plus éclairés de l'Union. Du reste il est sans vergogne, comme on va voir. Au mois de décembre dernier, il fait un discours à ses constituants à Boston, la capitale intellectuelle de l'Amérique du Nord, où, suivant toute apparence, la loi et la morale ont plus de partisans que partout ailleurs. Et que leur dit-il ? — Le parti républicain, qui est actuellement au pouvoir, se dissout (M. Butler est républicain en ce moment) ; les démocrates reprennent faveur et menacent de l'emporter à la prochaine élection présidentielle. Les principales questions de politique intérieure que la pacification du sud avait laissé à résoudre sont maintenant résolues. Le seul moyen de réunir en faisceau les membres épars du parti républicain est d'adopter au dehors une politique vigoureuse, c'est-à-dire de reprendre avec insistance la suite des réclamations contre l'Angleterre, quand même cette ligne de conduite aurait pour effet d'amener une déclaration de guerre. La guerre n'est pas à redouter, elle serait populaire. Ceux qui seront au pouvoir lorsqu'elle commencera sont assurés d'y rester longtemps après. — Voilà ce qui se dit tout haut en Amérique. N'est-ce pas notre histoire d'hier que l'on raconte là ?

Ce qui ajoute à la gravité de ce fâcheux symptôme, c'est la connexion qui existe entre le général Butler et le président. On raconte que le discours de Boston avait été précédé d'une entrevue de ces deux personnages. On veut même que M. Butler soit destiné à occuper bientôt, en remplacement de M. Fish, homme d'un sens rassis, le poste de secrétaire d'état, le plus important des départements ministériels. À première vue, il y aurait lieu d'être surpris d'un rapprochement entre le président et son ancien subalterne, qu'il a disgracié pendant la guerre de la sécession ; mais la vie publique exige bien des réconciliations étranges. Le général Grant n'a pas tenu comme homme politique ce que d'éminents services militaires avaient fait augurer. Il voudrait bien être réélu en 1872, et comme il s'entend mieux à conduire des soldats qu'à mener une campagne électorale, il lui faut l'appui d'un Butler qui sache manipuler les électeurs. Aussi n'a-t-on été que médiocrement surpris de retrouver dans le message présidentiel de cette année une variante adoucie des déclamations anti-anglaises du député du Massachusetts.

Le message est en effet presque un acte d'accusation contre la Grande-Bretagne, dont les péchés semblent s'accroître d'année en année. D'abord c'est la vieille affaire de l'*Alabama*, à propos de laquelle le président exprime l'espoir que le cabinet britannique acquiescera enfin en entier aux justes réclamations des États-Unis. Les relations avec le Canada donnent matière à plusieurs griefs. On se plaint que la libre navigation du Saint-Laurent ne soit pas garantie aux marins de l'Union par un acte international, comme celle du Rhin et du Danube l'est aux marins de toute nation par des traités conclus entre les diverses puissances européennes. On réclame encore contre le droit exclusif de pêche que les Canadiens prétendent s'attribuer dans leurs eaux territoriales, suivant l'usage des nations. Dernièrement, un bateau du Massachusetts qui se livrait à la pêche dans la zone réservée a été saisi ; en représailles, le sénat s'est mis à délibérer sur une proposition tendant à exclure le pavillon canadien de tous les ports de l'Union. Enfin, et la dernière réclamation, pour être insignifiante en fait, n'en indique peut-être que mieux l'état des esprits, enfin les trappeurs de l'extrême nord-ouest ont violé la frontière des États-Unis. Le traité de l'Orégon conclu en 1840 entre les deux puissances limitrophes, a fixé leur frontière commune au 49ᵉ degré de latitude dans les solitudes inexplorées qui vont du lac Winipeg aux Montagnes-Rocheuses. On s'est aperçu dernièrement que la compagnie de la baie d'Hudson a établi l'une de ses stations de chasse à quelques centaines de mètres au sud de cette ligne idéale de démarcation.

On le voit, ces griefs sont nombreux, sinon graves ; mais ce qui est grave, ce qui doit à notre avis éveiller la sollicitude de l'Angleterre,

Henri Blerzy

c'est que la presse américaine a été presque unanime à reprocher au président trop de modération. N'est-ce pas l'indice certain d'une animosité réelle qui attend le moment de faire explosion ? On se dit en Angleterre que cette situation des esprits n'a d'autre cause qu'un désir immodéré de conquérir le Canada, et sans doute l'annexion du Canada, en supprimant 4 ou 5,000 kilomètres de douanes en confondant des intérêts dont la séparation des gouvernements fait seul l'antagonisme, compléterait d'une manière splendide la grande république vers le nord. On se dit encore qu'un langage hostile à la Grande-Bretagne est la ressource commode du parti politique qui se veut rendre populaire. Tout cela est spécieux. Au fait, l'animosité des Américains du nord contre leurs cousins d'Europe est sérieuse, et elle peut au premier instant, par la folie ou par la témérité du gouvernement du jour, aboutir à une déclaration de guerre. Nous ne voyons qu'un cas dans l'histoire contemporaine où une haine de peuple à peuple se soit éteinte sans recours aux armes : c'est l'exemple qu'ont donné depuis cinquante ans la France et l'Angleterre ; mais les Anglais conviendront que cet exemple ne prouve rien pour l'avenir, car il a tenu deux ou trois fois à bien peu de chose que nos désaccords avec eux eussent une issue violente. On se dit aussi que les Américains du nord sont trop adonnés aux occupations pacifiques du commerce et de l'industrie pour se lancer dans les hasards d'une guerre, qu'ils sont accablés sous le fardeau d'une dette énorme dont ils ont hâte de se débarrasser, qu'ils ne sont prêts à aucun degré à entrer en lutte soit sur terre, soit sur mer. Qu'on ne s'abuse pas cependant à cet égard. La sécession leur a enseigné quelles sont leurs ressources en temps de guerre ; avant de commencer, ils sauront calculer, en bons commerçants qu'ils sont, ce que cela coûtera, et mettre le résultat probable en balance avec les sacrifices à faire pour l'obtenir. Au surplus, si leur tempérament n'est pas belliqueux en général, qu'on n'oublie pas qu'il y a chez eux nombre de gens hardis auxquels la guerre est la plus belle perspective de fortune ; ces gens-là, qui ont l'audace et l'intrigue à leur service, peuvent un jour se trouver à la tête des affaires publiques.

D'ailleurs les Américains auront la finesse de ne pas s'engager seuls dans la lutte ; l'occasion de se faire des alliés ne leur manquera pas. On raconte que le prince Gortchakof fit demander, il y a quatre mois, au général Grant d'insister sur les griefs de l'*Alabama* en même temps que la Russie dénoncerait le traité de 1856. Après un assez long silence, le président aurait répondu en offrant la coopération de la flotte de l'Union en cas de lutte avec l'Angleterre. L'histoire est-elle vraie ? Il est permis d'en douter ; mais on rapporte encore que le correspondant russe du journal belge qui avait ébruité l'affaire a été ostensiblement envoyé en exil sous l'accusation non point d'avoir propagé une fausse nouvelle, mais d'avoir divulgué le secret d'une dépêche. La cession de l'Amérique russe aux États-Unis a déjà prouvé que ces deux puissances se mettent aisément d'accord quand il s'agit d'être désagréable à l'Angleterre. En examinant la situation de la Russie, nous verrons quels sont les dangers de cette entente mystérieuse.

II.

Si l'on voulait absolument définir d'un seul mot une situation complexe, on pourrait dire que les rapports entre l'Angleterre et la Russie sont basés sur la défiance. La guerre de Crimée, si grandiose qu'elle fût, n'a été qu'un incident dans l'histoire d'une rivalité qui est en jeu depuis longtemps, et qui s'étend des bouches du Danube jusqu'à la mer du Japon. Constantinople, Asie centrale, littoral de la Chine, partout Russes et Anglais s'observent avec une inquiétude bien justifiée, car l'Asie est le grand objectif des uns et des autres. Une flotte russe à Constantinople, il est assez clair que c'est une menace contre la route de l'Inde. La question d'Orient est si familière à tout le monde, lorsqu'on la borne à la Turquie, qu'il est inutile d'y insister ici. On saisit moins facilement l'antagonisme inévitable des deux puissances rivales au cœur de l'Asie. Des gens sensés prétendent même qu'elles travaillent à un but commun, qui est d'amener à des principes civilisés les gouvernements barbares de ce vaste continent. C'est possible, quoiqu'en réalité on les ait vues maintes fois prêter leur appui à des factions opposées. L'Afghanistan et la Boukharie resteront longtemps sans doute indépendants, soumis à des révolutions périodiques où chacun des deux puissants voisins essaiera de faire triompher son influence. En Chine, la situation est plus nette. Tandis que l'Angleterre, la France

Henri Blerzy

et les États-Unis agissent avec accord par le moyen de leurs flottes, la Russie s'introduit à Pékin par voie de terre, et s'y maintient en dépit des violences exercées sur les autres Européens. Elle a grandi dans ces parages sans que personne y fît attention ; territoire, port et flotte de guerre, elle possède tout ce qu'il faut pour imposer sa volonté dans le Pacifique du nord lorsque sa politique l'exigera ; l'Angleterre ne fait flotter son pavillon que sur le rocher stérile de Hong-Kong. Quel sujet de crainte pour un peuple qui entend ne rencontrer de maîtres sur aucun océan !

Dans l'Asie centrale et sur le littoral du Pacifique, la rivalité anglo-russe est encore latente ; on ne saurait dire sur quels points porteront les contestations futures. Dans la Méditerranée au contraire, l'objet du conflit est bien évident ; c'est l'empire ottoman que l'une des puissances veut démolir et que l'autre veut conserver. Si puissant que soit le gouvernement russe, il éprouverait d'immenses difficultés à conquérir la Turquie par terre. L'armée d'invasion devrait traverser d'abord les provinces danubiennes, qui sont en train de se constituer en une nationalité presque indépendante ; elle prêterait le flanc à l'Autriche, que la liberté des bouches du Danube intéresse au plus haut point, et en dernier lieu elle rencontrerait dans la chaîne des Balkans un obstacle matériel sérieux. C'est donc surtout par mer que Constantinople est exposée aux attaques de son ennemi séculaire. Le traité conclu à Paris le 30 mars 1856 y a remédié en stipulant la neutralisation de la Mer-Noire, c'est-à-dire l'interdiction pour la Russie et la Turquie d'y entretenir des flottes de guerre. Elles ne peuvent y armer que les quelques navires de faible tonnage indispensables à la police maritime. Rappelons encore que par ce traité la France, l'Autriche, la Grande-Bretagne, l'Italie, la Prusse et la Russie s'engagent à garantir l'indépendance de la Turquie, et que, par une convention additionnelle, la France, l'Angleterre et l'Autriche se promettent de regarder comme un *casus belli* toute infraction au traité. Il n'est pas hors de propos d'observer en passant que cette conclusion d'une guerre longue et sanglante était empreinte d'une générosité qui aurait dû servir d'exemple ; les vainqueurs n'exigeaient de leur adversaire terrassé ni cession de territoire ni contribution d'argent, et n'imposaient que les conditions qui avaient été dès le principe le but réel de la lutte.

On a vu des traités disparaître par l'effet du temps qui les rendait caducs, en sorte que la dénonciation de ces traités par celle des parties contractantes qui en avait été victime n'était qu'affaire de forme ; mais une dénonciation qui survient moins de quinze ans après la signature n'est, à vrai dire, qu'une déclaration de guerre. C'est ce que vient de faire la Russie. Par une circulaire du mois de novembre dernier, le prince Gortchakof annonce sans ménagement aux cosignataires du traité de 1856 que le tsar n'entend plus être lié par la clause relative à la neutralisation de la Mer-Noire. Il invoque les nécessités de la défense nationale, comme si la flotte et l'arsenal de Sébastopol n'avaient pas été des moyens d'attaque et non de défense. Qui songe à menacer la Russie dans cette mer intérieure ?

Que répondent à cela les autres puissances contractantes du traité de Paris ? La Turquie paraît prendre son parti avec autant de promptitude que de résolution ; elle arme dans la mesure de ses forces, et ce n'est guère. Absorbée par le travail pénible de son organisation intérieure, l'Italie se désintéresse pour un temps des affaires européennes. La France ne peut entrer dans une nouvelle lutte. La Prusse est évidemment liée à la Russie par un traité secret depuis le commencement de la guerre qu'elle nous fait. Elle est donc complice, et le cabinet de Saint-Pétersbourg n'en a rien à craindre. Cependant tout porte à croire que la déclaration russe a mis M. de Bismarck dans l'embarras ; il aurait préféré qu'elle fût ajournée jusqu'au jour où les événements lui permettraient de jouer un rôle actif en Orient : aussi doit-il être plutôt disposé à éteindre le feu qu'à l'attiser. L'Autriche avait proposé, il y a trois ans, une révision du traité de 1856 au profit de la Russie qui avait alors repoussé cette ouverture avec une hauteur dédaigneuse ; mais cette proposition avortée met le comte de Beust mal à l'aise. Il répond néanmoins avec netteté qu'entre dénoncer une convention internationale et la réviser, il y a une différence capitale. L'Autriche ne laisse pas douter qu'elle fera la guerre plutôt que de céder avec faiblesse. Le maintien de son influence dans les provinces danubiennes exige qu'elle observe à l'égard des populations orientales une attitude honorable et digne.

Et l'Angleterre, au profit de qui s'est faite la guerre de Crimée ? L'Angleterre se dit tout d'abord que la circulaire n'est pas une infraction au traité, qu'elle indique seulement l'intention de l'enfreindre plus tard. En fait, la convention de 1856 ne sera violée qu'à l'époque où la Russie aura construit une flotte de guerre et rebâti les fortifications de Sébastopol. Cela ne peut être fait immédiatement, ce qui laisse le champ libre à la discussion. En attendant, le mieux est de ne pas envenimer l'affaire par des marques d'impatience. Lord Granville répond donc que le cabinet britannique n'a pas d'objection de principe à soulever contre la révision amiable du traité de Paris, mais toutefois que ce traité reste en vigueur jusqu'à ce que tous les intéressés aient consenti d'un commun accord à en modifier les clauses. D'ici là, la dénonciation du gouvernement russe est nulle, et par conséquent la circulaire du prince Gortchakof est sans valeur. Ceci était dit, il faut en convenir, d'un ton ferme qui sauvait les apparences tout en laissant la question intacte pour l'avenir. Le prince Gortchakof n'en demandait pas davantage. La forme sous laquelle il a présenté la volonté de son maître déplaît, il lui est indifférent de répéter la même chose en des termes plus conciliants. Il m'importe peu, semble-t-il dire, que vous repoussiez le papier sur lequel nos intentions sont inscrites, puisque vous en avez pris lecture. La question n'exige pas au surplus une solution immédiate ; c'est matière à congrès. Justement le comte de Bismarck venait de proposer une conférence à ce sujet, toutes les puissances se rallièrent à ce moyen de sortir d'embarras.

Eh bien ! nous le demandons à tout esprit impartial, à supposer que le cabinet de Saint-Pétersbourg eût osé émettre ce manifeste à un moment où la France aurait eu la libre disposition de ses forces, l'Angleterre, se sentant une alliée puissante à côté d'elle, aurait-elle accueilli la dénonciation russe par ces arguties diplomatiques ? Non, elle eût dit carrément la vérité, que les traités sont la loi des peuples, et que la nation qui en souffre n'a pas qualité pour les réformer seule. Au lieu de se satisfaire par des nuances de langage, elle aurait déclaré bien haut, et avec raison, que la prétention de la Russie est l'équivalent d'une déclaration de guerre. Il est triste pour une grande nation qui s'est toujours montrée ombrageuse de son honneur de se contenter de paroles dans les circonstances mêmes où quinze années auparavant elle avait jugé nécessaire de tirer l'épée. Depuis quinze ans, la Russie est-elle donc devenue moins puissante ou la Turquie plus forte ? On n'oserait le soutenir ;

alors c'est que la Grande-Bretagne est plus endurante ou moins redoutable.

Personne ne doute en Angleterre que le tsar ne soit résolu à déchirer par tout moyen, même par la guerre, le traité du 30 mars 1856. C'est ce que signifie au fond la démarche insolite du prince Gorkchakof. En voudrait-on douter, il suffirait, pour démontrer qu'il en est ainsi, des innombrables adresses que les corps constitués ont envoyées à leur souverain, le félicitant d'une résolution qui rend à la nation russe l'honneur et la sécurité. On sait que ces adresses ne sont, sous un régime absolu, que l'image fidèle des volontés du maître. Un détail curieux le peint mieux encore. Le conseil municipal de Moscou ne s'était pas contenté d'approuver la politique étrangère du tsar ; il s'était avisé d'y ajouter, au milieu d'humbles protestations de dévouement, des vœux timides en faveur des libertés civiles et religieuses. L'adresse fut renvoyée au conseil, et ceux des membres que l'on supposait l'avoir rédigée réfléchirent en prison sur la limite étroite qui sépare la soumission de l'approbation. Alors, dans leur désir d'écarter de leurs lèvres le calice d'amertume que leur prépare la résiliation définitive et presque certaine du traité de Paris, les Anglais en sont réduits à chercher si quelque clause nouvelle n'assurerait pas au même degré l'indépendance de la Turquie, tout en ménageant les susceptibilités nationales de l'empire russe. Au lieu de neutraliser la Mer-Noire, au lieu de la fermer aux navires de guerre de toutes les nations, y compris ceux des nations riveraines, pourquoi ne pas l'ouvrir au contraire à tous les pavillons du globe ? Si les flottes russes et turques ont seules le droit de franchir les Dardanelles, Constantinople est en péril, nous dit-on. On l'a bien vu, il y a seize ans, au lendemain du désastre de Sinope ; il n'en est plus de même si les amiraux anglais et français ont la faculté de venir, au premier signe de danger, se ranger à côté de l'escadre ottomane. Bien loin que le pavillon russe soit une cause d'effroi dans la Méditerranée, les vaisseaux du tsar seraient, en cas de guerre, à la merci de leurs ennemis. Le sultan, qui sera toujours le maître des détroits par la force de sa situation, n'aura garde de refuser l'entrée de la Mer-Noire aux flottes de ses alliés, tandis qu'il pourra toujours, les hostilités étant déclarées, s'opposer à ce que les vaisseaux ennemis rallient leur port d'attache.

Henri Blerzy

Il est assez singulier que l'on veuille aujourd'hui faire reposer la paix de l'Orient sur de si fragiles illusions. On hésiterait sans doute à nous dire que les diplomates réunis au congrès de Paris en 1856 n'ont pas eu le talent d'inventer cette solution lumineuse ; mais, s'ils y ont pensé et s'ils ne l'ont pas jugée digne d'être prise en considération, c'est donc qu'elle était insuffisante à leurs yeux, car il nous répugne d'admettre qu'ils l'aient repoussée par le seul motif qu'elle aurait épargné une humiliation à la Russie. Ce n'est pas tout. Les puissances occidentales doivent prévoir qu'elles auront peut-être un jour à défendre la Turquie contre elle-même ; que deviendrait en effet la vertu de cette nouvelle convention le jour où le tsar et le sultan s'uniraient contre l'Angleterre et la France ? Danger impossible ! s'écriera-t-on. C'est probable ; mais au moins l'état de choses actuel remédie même à ce danger improbable. Et puis enfin il faut bien dire encore que tout état maritime exerce sa souveraineté sur les eaux qui baignent ses rivages, qu'à ce titre le sultan est maître, jusqu'à convention contraire, d'interdire, s'il lui plaît, le passage des Dardanelles à un pavillon de guerre étranger, de même que la reine d'Angleterre serait libre d'interdire l'entrée de la Tyne ou de la Tamise. Lui demander au nom de l'Europe assemblée en congrès de renoncer à son droit régalien pour être agréable à un ennemi séculaire, en vérité c'est faire bon marché de la dignité d'un souverain que l'on a la bonne intention de protéger. Disons-le franchement, ce n'est là qu'un expédient pour sortir d'une situation mauvaise dont la guerre est la seule issue honorable. On verra bientôt au surplus que l'Angleterre observe la même politique embarrassée avec la Prusse, ou, si l'on aime mieux, avec l'Allemagne.

Seconde Partie

III.

Il serait inutile de se le dissimuler : au début de la guerre de 1870, les vœux du peuple anglais étaient favorables à la Prusse. Les Anglais sont généralement trop instruits des affaires publiques pour

avoir admis sans conteste que l'empereur Napoléon III fût l'agres-
seur. En aucun pays de l'Europe, la politique cauteleuse de M. de
Bismarck n'avait été jugée avec plus de sévérité pendant les années
précédentes ; mais la révélation imprévue des anciens projets de
l'empereur contre la Belgique produisit un effet déplorable, et
puis il existait entre la Grande-Bretagne et la Prusse une amitié
séculaire, basée sur des intérêts communs et sur l'absence de toute
cause de rivalité. C'est à peine si depuis cent ans il y a eu deux ou
trois années de mésintelligence entre ces deux états. De plus l'érec-
tion d'un grand empire militaire au centre du continent européen
n'avait rien d'inquiétant pour une nation qui met sa confiance et
son espoir dans les armements maritimes. Résolu depuis longtemps à se désintéresser des affaires européennes, le gouvernement
anglais était satisfait de sentir la Prusse devenir un contrepoids à
la France, dont les rancunes mal éteintes et les instincts belliqueux
causaient parfois quelques soucis. Lamentable exemple de l'impré-
voyance humaine ! l'empire d'Allemagne existe depuis deux mois
à peine, et déjà l'Angleterre éprouve de ce côté plus d'inquiétudes
que la France ne lui en avait inspiré en cinquante ans.

« On n'a jamais vu un grand empire militaire fondé par la violence
vivre en paix avec ses voisins, » écrivait mélancoliquement de
Versailles le correspondant d'un journal anglais au moment où le
roi de Bavière, plus humilié que ne le sera jamais la république française, offrait bon gré mal gré la couronne impériale à son allié de
la veille, à son suzerain du lendemain. Le danger d'une Allemagne
unie entre les griffes d'un gouvernement autoritaire se révèle déjà
pour l'Angleterre non pas seulement dans les allures hautaines
du comte de Bismarck, mais aussi dans les paroles inconsidé-
rées des officiers allemands, auxquels il semble avec raison que la
Grande-Bretagne, après la France, serait une conquête facile. Ici,
comme pour les États-Unis et pour la Russie [1], il convient d'étudier les faits avant d'en tirer des conséquences.

Il y avait peu de jours que le prince Gortchakof avait lancé la circulaire par laquelle il dénonçait le traité de 1856, M. de Bismarck
avait à peine eu le temps de faire connaître qu'il désapprouvait le
procédé de la chancellerie russe, lorsque tout à coup il manifeste
par sa conduite envers le grand-duché du Luxembourg un égal
mépris des traités internationaux. Par une note en date du 3 dé-

cembre, il reproche au gouvernement luxembourgeois d'avoir violé plusieurs fois la neutralité en faveur de la France, et il termine en déclarant que le gouvernement du roi de Prusse ne se croira plus obligé de prendre en considération, dans les opérations des armées allemandes, la neutralité du grand-duché. Avant d'aller plus loin, il faut dire que les griefs imaginaires sur lesquels s'appuyait le chancelier de l'Allemagne du nord étaient les sympathies avouées de la population luxembourgeoise en faveur de la France, le ravitaillement de la forteresse de Thionville par les chemins de fer grand-ducaux, et surtout le rapatriement par le vice-consul français d'officiers et de soldats évadés après la capitulation de Metz. Bien entendu, M. de Bismarck ne faisait pas entrer en compensation que des détachements de l'armée allemande avaient maintes fois franchi la frontière du grand-duché sans être arrêtés, et il ne considérait pas non plus comme une infraction à la neutralité de sa part le fait d'avoir retenu sur les chemins de fer allemands quantité de wagons appartenant aux lignes grand-ducales. M. de Bismarck a montré depuis longtemps ce que sont sa logique et sa sincérité ; mais il importe peu, dans le cas du Luxembourg, de savoir si les torts sont réels ou ne le sont pas, car la situation particulière que les traités ont faite à cette province donne en tout état de cause à la note du chancelier allemand un caractère agressif envers les autres puissances européennes. On va le voir par l'historique de ces traités, qu'il est indispensable d'analyser tout d'abord.

Le traité de 1839, auquel les cinq grandes puissances européennes prirent part, garantissait au roi de Hollande la possession du grand-duché du Luxembourg, mais en le maintenant dans la confédération germanique. La ville de Luxembourg, déclarée nécessaire à la sécurité de l'Allemagne, devait être occupée par une garnison prussienne. Lorsque la confédération fut détruite après Sadowa, tout le monde comprit que le grand-duché restait entre les mains du roi de Hollande, et cette fois libre de tout engagement. Ce pays a de vives affinités avec la France, quoique la population soit incontestablement allemande d'origine, le fait est bon à constater par ce temps de prétendues revendications nationales ; il se serait volontiers donné à nous. L'empereur Napoléon III négocia le transfert avec le roi de Hollande, qui y consentit ; mais, après des hésitations que la conduite actuelle de la Prusse explique mal aujourd'hui, cette puissance déclara s'opposer à la cession. L'affaire menaçait de s'envenimer, lorsque le cabinet anglais proposa de la discuter en congrès. Les plénipotentiaires de l'Europe, réunis à Londres, convinrent de laisser le grand-duché sous la souveraineté du roi de Hollande, à la condition que la Prusse cesserait d'y tenir garnison, que les fortifications seraient démantelées, et que le territoire luxembourgeois tout entier serait déclaré neutre. La France, l'Angleterre et les autres puissances se seraient contentées de cela. La Prusse voulut davantage ; elle exigea que cette neutralité fût garantie, comme l'est celle de la Belgique, par un engagement collectif de tous les contractants. On y consentit encore parce que personne n'y voyait de sérieux inconvénients. Toutefois le plénipotentiaire anglais, lord Stanley, — aujourd'hui lord Derby, — déclara plus tard qu'il avait hésité longtemps à donner une garantie qui pouvait engager l'Angleterre dans une lutte à laquelle elle n'avait aucun intérêt. Le Luxembourg est éloigné de la mer ; c'est une province intérieure qu'il n'importe guère à la Grande-Bretagne de voir en la possession de la Hollande, de la Prusse ou de la France ; ce fut, paraît-il, par le simple désir d'éteindre une querelle d'où la guerre semblait sortir imminente que lord Stanley promit la garantie réclamée avec instance par M. de Bismarck. Il fallut s'expliquer là-dessus dans le parlement britannique. Les ministres de la reine déclarèrent à l'unisson dans l'une et l'autre chambre qu'il y avait lieu de distinguer entre la garantie promise à la Belgique par les anciens traités et celle accordée au Luxembourg par le traité de 1867. Pour la Belgique, la garantie était individuelle, en ce sens que la Grande-Bretagne, fût-elle seule, se sentait obligée à défendre la Belgique contre toute attaque extérieure, tandis que dans le cas du Luxembourg il n'y aurait lieu à intervention qu'autant que les autres puissances signataires seraient d'accord d'agir toutes ensemble. Ainsi la France et la Prusse étant en guerre et l'un de ces deux états menaçant le Luxembourg, la neutralité ne devait être couverte que par une action commune de la Russie, de l'Autriche et de l'Angleterre. Faute d'action commune, aucune des puissances garantes n'était tenue d'intervenir. Le duc d'Argyll jugea dès lors la situation d'un seul mot. Réduite à ces termes, dit-il à la chambre des lords, la garantie de neutralité accordée au grand-duché n'est qu'une « farce. » La France et la Prusse ne songèrent pas à réclamer

Henri Blerzy

contre cette façon commode d'interpréter la convention de 1867 ; mais nous ne sommes pas obligés de nous en tenir aujourd'hui à cette interprétation de fantaisie à laquelle le cabinet anglais eut recours pour se tirer d'affaire. Le traité de 1867 reste entier pour nous, avec le sens que les mots de garantie internationale ont eu de tout temps. Cela veut dire, n'en déplaise à lord Derby, que la Prusse, en violant les dispositions du traité de Londres, commet une offense envers chacune des puissances qui y ont pris part.

Tout le monde a compris ce que M. de Bismarck entendait faire au moyen de cette dénonciation de neutralité survenue à une époque où le Luxembourg est éloigné du théâtre de la guerre ; c'est une manière de préparer l'annexion du grand-duché. La population luxembourgeoise ne s'y est pas trompée un instant, elle a manifesté par des vœux unanimes son désir de rester soumise au roi de Hollande, ce qui n'empêchera pas le gouvernement prussien de poursuivre ses projets d'annexion, car il fait profession de peu s'inquiéter du suffrage populaire. On dit déjà qu'il impose au gouvernement grand-ducal une contribution de guerre de deux millions comme à un pays conquis, qu'il met garnison dans la citadelle imparfaitement détruite, et qu'il s'attribue l'exploitation des chemins de fer de la province. Si cela est vrai, ce n'est pas seulement la neutralité du grand-duché qui est violée, c'est son existence même comme état indépendant. Le roi de Hollande est dépossédé violemment d'une souveraineté que l'Europe assemblée lui avait garantie, et l'Angleterre, retranchée derrière son explication commode du traité de 1867, ne tentera pas un effort pour sauvegarder l'indépendance d'un état qui subsistait sous sa protection. Avis aux autres petits états qui vivent tranquilles et confiants sous la promesse collective d'être traités en pays neutres par leurs redoutables voisins. Suisses, Hollandais, et vous aussi, Belges, soyez prévenus que l'Angleterre saura se délier par un détour des obligations qu'elle a contractées envers vous, si vous êtes menacés, et que son intérêt immédiat ne lui commande pas de vous venir en aide.

La déclaration adressée par M. de Bismarck au gouvernement luxembourgeois était donc, quoi qu'on en dise à Londres, un affront direct à l'Angleterre. En même temps des sentiments hostiles à la Grande-Bretagne étaient habilement répandus dans l'armée allemande. Officiers et soldats de l'armée d'invasion s'habituaient

par degrés insensibles à traiter les Anglais comme des neutres mal-
veillants. Il leur aurait été difficile d'expliquer ce qu'ils avaient à
reprocher à leurs amis de la veille ; mais, à défaut de griefs vé-
ritables, ils s'en forgeaient d'imaginaires. Fidèle aux principes ap-
pliqués pendant les guerres précédentes, le cabinet anglais n'a mis
aucune entrave au commerce des armes de guerre. Cependant
il paraît certain que les manufactures anglaises n'ont fourni à la
France qu'un très petit nombre de fusils, et qu'elles en ont expédié
peut-être davantage à l'Allemagne par l'intermédiaire des autres
pays neutres. Les États-Unis nous ont au contraire livré d'énormes
quantités d'armes de guerre. Le comte de Bismarck n'a rien osé
dire au gouvernement de Washington, qu'il estime être hors de ses
atteintes et dont il aura peut-être besoin plus tard, tandis qu'il a
poursuivi le cabinet anglais de ses réclamations. Quand les Allemands ramassent sur le champ de bataille des fusils nantis d'une
marque exotique, ils se disent tous que c'est de provenance anglaise ; leur mauvaise humeur contre la Grande-Bretagne s'accroît
d'autant, bien que cette marque soit la plupart du temps celle d'un
fabricant transatlantique.

Ceux d'entre nous qui ont eu l'occasion de traverser la France
pendant les tristes mois qui viennent de s'écouler auront rencontré
une fois au moins des Anglais dans une gare de chemin de fer.
C'était pitié de voir comme les préjugés populaires s'acharnaient
après ces malheureux voyageurs, qui étaient tout au moins inoffen-
sifs et le plus souvent même favorables à notre cause. Cependant
cette injuste prévention s'excusait encore de notre part par l'excès
de nos malheurs, qui nous portait à voir des ennemis dans tous
les étrangers ; mais que des commandants prussiens aient maltrai-
té des Anglais que le devoir ou la curiosité attirait dans les villes
occupées, cela ne s'explique que par une brutalité native ou par
une malveillance intéressée. C'est néanmoins ce que l'on a vu en
maints endroits. Au mois de décembre, le commandant prussien
d'Étampes faisait emprisonner pendant deux jours quatre officiers
anglais, dont l'un, le capitaine Hozier, chargé d'une mission officielle au quartier-général du roi de Prusse.

Voici qui est plus grave. Dans les derniers jours de décembre, le
général prussien von Gœben se trouvait en forces sur les bords de
la Seine en aval de Rouen ; il voulait barrer le fleuve de façon à em-

pêcher les canonnières françaises de remonter jusqu'à Rouen. Six navires de commerce sous pavillon anglais étaient à l'ancre entre Duclair et La Meilleraye. Le général s'en empara et les fit saborder en travers du courant, après les avoir, il est vrai, estimés suivant sa fantaisie et payés en bons de réquisition. L'un des matelots qui n'avait pas quitté son bord assez tôt fut blessé. Le pavillon neutre n'est-il donc plus sacré dans les eaux où l'état de blocus n'a pas été notifié ? M. Odo Russell était alors précisément au quartier-général de Versailles pour y porter au roi Guillaume les félicitations du gouvernement anglais à l'occasion du nouveau titre d'empereur que les souverains allemands n'osaient plus refuser au chef de leur confédération. Que va dire le représentant de la reine Victoria ? Il demande des explications catégoriques sur cette violation flagrante du droit des gens. La réponse de M. de Bismarck mérite d'être enregistrée. Il regrette sincèrement que les troupes allemandes aient été obligées de saisir des navires britanniques pour détourner un danger imminent ; il admet les réclamations pour indemnités. Quant à reconnaître que le général von Gœben est blâmable d'avoir enfreint les droits des neutres, il n'en est pas question. On paie la valeur des navires, mais on n'a pas un mot de reproche pour l'auteur de l'attentat. Le pavillon britannique n'a pas été respecté, c'est vrai ; une indemnité pécuniaire suffit à réparer le dommage.

Qui s'étonnera maintenant de ce que rapportait le *Times*, il y a peu de jours, qu'à Berlin, comme à Versailles, le sujet favori de conversation est l'invasion de l'Angleterre, les moyens de l'accomplir et les chances de réussite qu'elle présente ? Les Allemands ne sont qu'à moitié triomphants d'avoir battu les armées françaises : ils savent trop bien que le succès est dû pour une bonne part aux circonstances politiques, à la complicité morale d'un régime qui avait énervé le soldat autant que le citoyen ; mais franchir la Manche, envahir la Grande-Bretagne, ce que n'a pu faire Napoléon Ier au faîte de la puissance, voilà ce qui flatterait leur amour-propre national ! Après six mois de combats incessants, ils ne se demandent plus si la guerre contre l'Angleterre serait juste ou injuste, si l'agression contre une puissance amie serait motivée par un prétexte plausible. L'un des plus déplorables effets d'une longue guerre est d'émousser les notions élémentaires de droit et d'équité. La seule préoccupation est de savoir si l'invasion est possible et par quel mode elle s'effectuerait. Les Anglais possèdent une flotte magnifique qui est maîtresse de la mer, mais on a confiance dans l'habileté des généraux auxquels on obéit ; on se dit qu'ils ont rencontré en France des obstacles qui, pour être d'une autre nature, n'étaient pas moins effrayants, et qu'après tout la traversée du Pas-de-Calais est la seule difficulté à vaincre, car, une fois le détroit franchi, les troupes anglaises faibles, mal armées, ne méritent pas d'entrer en compte. On se dit enfin que les îles britanniques ont encore moins de fortifications que de soldats, que les comtés de Kent et d'Essex fourniraient de plantureuses réquisitions à une armée triomphante, que Londres n'est qu'à quatre jours de marche de la mer et regorge de richesses. Tels sont les rêves et les espérances que des chefs ambitieux suggèrent facilement à des soldats surexcités par six mois d'une lutte sans trêve ni merci.

IV.

La haine des États-Unis, le dédain de la Russie, l'ambition de la Prusse, voilà trois ennemis qui menacent de fondre sur la Grande-Bretagne à courte échéance. Quels alliés trouvera-t-elle au jour du danger ? Sera-ce la France qu'elle abandonne en ce moment, ou l'Autriche que la Prusse et la Russie observent de près, ou l'Italie pour laquelle elle n'a eu que des démonstrations stériles ? Assurément non ; ce sera donc la Turquie, ou l'Espagne, ou la Hollande. Autant dire qu'elle sera seule, isolée comme elle a voulu l'être. Et quelle armée a-t-elle à opposer à ses envahisseurs ? 50,000 hommes de troupes régulières avec 200 pièces de canon, 100,000 miliciens et 150,000 volontaires ! Que l'on songe que le prince Frédéric-Charles avait devant Orléans, le 4 décembre dernier, 90,000 hommes de troupes régulières et 400 pièces de canon ; ce n'était cependant qu'une seule des armées allemandes.

L'insuffisance des armements a été en effet l'une des causes de la timidité du cabinet britannique depuis quatre mois. Ce n'a pas été la cause unique ; mais c'était assez pour confirmer les ministres de la reine dans une réserve qui convenait à leur tempérament. Pour bien se rendre compte de ce qui manque à l'armée anglaise, il convient de l'examiner sous les trois aspects du nombre, de l'ar-

Henri Blerzy

mement et de l'administration, car ce sont là les trois éléments de la puissance d'une armée. En tant qu'administration d'abord, personne n'a oublié les mécomptes terribles qu'éprouvèrent nos alliés devant Sébastopol ; il serait téméraire d'affirmer que la leçon leur a été profitable. Leur nouvelle organisation est copiée sur les règlements de notre intendance. Tout le monde dira qu'ils auraient pu mieux faire. Nos règlements sont bons, parfaits même, si l'on veut, en temps de paix ; mais le plus routinier des administrateurs sait que l'on pourvoit aux besoins d'une armée en campagne avec de l'intelligence et du caractère, non avec des règlements. Quant à l'armement, nos voisins en sont encore à se demander si leurs bouches à feu seront de bronze ou d'acier, si elles se chargeront par la gueule ou par la culasse. Ces questions, qui ont été successivement débattues depuis quinze ans par plusieurs comités d'hommes de l'art, ne sont pas encore tranchées. Après de coûteuses expériences et de longues discussions entre les systèmes Armstrong et Whitworth, le choix n'est pas arrêté, et par conséquent il n'y a pas en Angleterre d'artillerie capable de lutter contre celle des puissances rivales. En ce qui concerne les armes portatives, fantassins et cavaliers ont la carabine rayée d'Enfield, qui fut adoptée en 1853 et qui a été transformée depuis en arme se chargeant par la culasse. En réponse à une interpellation parlementaire, le secrétaire d'état de la guerre, M. Cardwell, avait déclaré dernièrement qu'il existait 300,000 de ces carabines en Angleterre ; mais après vérification fut reconnu que le ministre s'était trompé, et qu'il n'y en avait réellement que 248,000, le reste étant dispersé dans les dépendances coloniales de l'empire britannique. En aucun pays de l'Europe, la transformation de l'armement de l'infanterie n'a eu à lutter contre des préjugés plus obstinés. Les vieux généraux auxquels le *war office* accordait sa confiance soutenaient, comme ils l'ont fait partout, qu'un fusil à tir rapide est plus nuisible qu'utile sur le champ de bataille. Toutefois à l'automne de 1866 la décision était prise ; il ne restait plus qu'à déterminer le modèle de la nouvelle arme. Ce fut l'objet des études de diverses commissions qui s'accordèrent enfin à recommander un type qu'elles avaient longuement éprouvé. On pourrait croire que tout était dit, et qu'il ne restait plus qu'à fabriquer les fusils de ce modèle préféré ; néanmoins la fabrication n'est pas commencée. Il y en a à peine quelques milliers à l'essai.

Seconde Partie

On continue d'acheter, pour compléter les approvisionnements, l'ancienne carabine Enfield, que l'on a déclarée imparfaite.

Enfin le nombre des soldats n'a pas moins d'importance que leur armement et leur organisation. Pour mettre sur pied une armée régulière de 50,000 hommes, dont chacun avoue l'insuffisance, la Grande-Bretagne dépense des sommes si considérables qu'elle ne peut songer à quintupler ce nombre par les mêmes moyens ; le budget entier serait loin d'y suffire. La milice est une réserve effi-cace, à laquelle on confierait la défense du territoire, si les besoins de la guerre obligeaient de transporter l'armée régulière au de-hors ; mais milice et armée régulière ne font que 150,000 hommes, ce qui ne peut se comparer aux immenses armées de l'Europe. Si les miliciens peuvent être assimilés à nos gardes mobiles, les vo-lontaires valent à peine nos gardes nationaux, sédentaires, avec cette différence capitale que le service militaire n'est pas obligatoire pour eux, et qu'ils se font rayer des contrôles dès que les exercices que l'on en exige requièrent plus de temps qu'il ne leur convient d'en donner à la patrie. En somme, le chiffre total est trop faible et ne s'accroîtrait que par des mesures coercitives qui ont un double inconvénient : elles répugnent au caractère national, et l'on ne sait pas au juste ce qu'elles doivent être pour devenir sérieusement ef-ficaces. La Grande-Bretagne en est encore à l'ancien système, qui comportait des troupes peu nombreuses, uniquement composées d'hommes voués à la carrière des armes. Elle aimait à retrouver dans cette organisation militaire l'un des principes de son indus-trie, la division du travail. Pour bien faire une chose, se disait-on, il faut s'en occuper exclusivement. Il y a désavantage à être tout à la fois soldat et ouvrier de manufacture ou cultivateur. Par malheur, il n'est plus permis, en présence de ce qui se passe sur le continent, d'appliquer à l'art de la guerre ce principe de l'art industriel. Le soldat-citoyen est devenu partout une réalité. Les Anglais se de-mandent comment ils satisferont à cette nécessité du temps. Pour eux, la question se pose ; elle est loin d'être résolue.

Ce sera là, on n'en peut douter, la plus grave préoccupation de la session parlementaire qui vient de s'ouvrir. Ce devrait être en ce moment le plus important sujet d'étude du ministère. Cependant, à voir quels principes l'inspirent et de quels éléments il est composé, on peut douter que les hommes d'état auxquels la Grande-Bretagne a confié ses destinées accordent à cette question gigantesque l'attention qu'elle mérite. C'est qu'on ne peut demander aux hommes les plus éminents d'avoir toutes les aptitudes, pas plus que l'on ne peut forcer les terrains les plus fertiles à produire tous les fruits. Si l'on veut comprendre ce que sont les ministres de la reine, il faut se reporter au tableau séduisant de la prospérité de l'Angleterre que nous tracions il y a quinze jours. Sous quels auspices fut élue, il y a deux ans, la chambre des communes ? Que demandait-on au gouvernement ? Pacifier l'Irlande par des concessions aux cultes dissidents, développer l'initiative des colonies, étendre le commerce et l'industrie de la nation, surtout restreindre les charges publiques, par conséquent réduire les armements et au dehors dégager la Grande-Bretagne de toute immixtion compromettante dans les affaires européennes. Nul n'était plus propre que M. Gladstone à réaliser ce programme pacifique. Aujourd'hui qu'il s'agit de constituer une armée nationale sur de nouvelles bases et de prendre une attitude vigoureuse à l'égard des puissances, que peut faire cet homme d'état, qui a laissé entendre tant de fois que la Grande-Bretagne ne doit se mêler que de ses propres affaires, et que l'armée n'est qu'une source de dépenses sans compensation ? M. Bright, l'éloquent organe de l'école de Manchester, l'apôtre de la paix à tout prix, s'est retiré du ministère ; mais il est bien connu que cette détermination lui a été imposée par des raisons de santé et non par un dissentiment d'opinion avec ses collègues. Deux autres membres du cabinet, M. Lowe, chancelier de l'échiquier, et M. Bruce, secrétaire de l'intérieur, se sont réjouis en public des défaites de la France. M. Cardwell, secrétaire du *war office*, s'est compromis devant le parlement en montrant qu'il ne sait pas même combien il y a de fusils dans les arsenaux ; est-ce à cet administrateur, quelque laborieux qu'on le dise, que le pays confiera la tâche immense de préparer la défense nationale ? Le ministre de la marine donnait plus de satisfaction à l'opinion publique ; par malheur, voici qu'aux premiers gros temps de l'hiver, un vaisseau cuirassé de nouvelle construction, le*Captain*, sombre corps et biens en pleine mer à son premier voyage d'essai. Ce ne fut pas alors parce que le *Captain* avait coûté 8 ou 10 millions de francs, ni même parce que cinq cents marins trouvaient la mort dans cette douloureuse catastrophe, que le mécontentement public se fit entendre ; ce fut parce qu'un si grand échec était de nature à faire douter que les autres bâtiments de la flotte eussent toutes les qualités nautiques et militaires que les déclarations officielles se plaisaient à leur attribuer. Le sinistre du *Captain* est un événement dont M. Childers, le ministre de la marine, aura peine à se disculper. Que reste-t-il donc pour donner du relief au cabinet britannique en ce temps d'effroi ? Assurément ce n'est pas lord Granville, dont les dépêches diplomatiques ne semblent avoir d'autre but que de remettre les difficultés au lendemain, et qui d'ailleurs, a montré plus d'entêtement que de perspicacité dans ses démêlés avec la Nouvelle-Zélande, alors qu'il était ministre des colonies.

On ne peut imaginer rien de plus embarrassé que les phrases du discours de la reine relatives à cette question capitale de l'organisation militaire. « Les leçons de l'expérience que nous donne la guerre actuelle sont nombreuses et importantes. Le temps me paraît opportun pour mettre ces leçons à profit en faisant des efforts plus accentués que jusqu'ici pour réaliser des progrès pratiques. En y travaillant, vous ne perdrez pas de vue les traits distinctifs de la situation de notre pays, qui sont si favorables à la liberté et à la sûreté de la population. » Quels sont donc ces traits distinctifs de l'Angleterre ? Les ministres de la reine ont-ils entendu désigner par là, comme M. Gladstone dans l'article de la *Revue d'Edimbourg* déjà cité, le ruban de mer qui sépare les îles britanniques du continent ? Mais non, dans la pensée des hommes d'état qui gouvernent la Grande-Bretagne, le trait distinctif est l'horreur qu'inspire à nos voisins le service militaire obligatoire, l'impôt du sang. Les ministres désespèrent, on le sent, de faire accepter une telle charge à leur pays. Si les renseignements qui nous arrivent sont exacts, le projet de M. Cardwell n'est pas en effet la réforme radicale que l'on attendait : suppression de la vénalité des grades, augmentation de la milice, reconstitution des approvisionnements, tels seraient les caractères principaux de la nouvelle loi militaire destinée à rendre à l'Angleterre le rang qu'elle aurait dû toujours occuper dans le monde. Qui voudra croire que c'est suffisant ?

Ainsi M. Gladstone et ses amis ne représentent plus l'opinion du jour, c'est incontestable, car ce sont des ministres de paix et non des ministres de guerre. L'honneur et la sécurité de la Grande-Bretagne n'ont jamais tenu qu'une place secondaire dans leurs préoccupations. L'enthousiasme qu'ils inspiraient en arrivant aux affaires s'est évanoui ; la froideur est venue, sinon encore l'hostilité, Est-ce à dire que le parlement va leur faire voir qu'il est temps de céder la place à des hommes d'état plus soucieux de la dignité britannique ? Nous le voudrions, persuadés que la France n'aurait pas de plus ferme appui dans la crise actuelle qu'un gouvernement qui représenterait avec vérité cette noble nation ; mais nous ne devons pas encore espérer cela. Un parlement est moins prompt qu'une nation à reconnaître ses erreurs, et le parlement issu des élections qui furent le triomphe de M. Gladstone et de ses amis satisfera son orgueil en disant que la Grande-Bretagne est « la première des puissances défensives. » Ombre stérile d'une influence évanouie ! L'un de nos hommes d'état les plus fins avait bien raison de dire aux Anglais après la capitulation de Sedan : « Nous serons battus, mais c'est vous qui serez humiliés. »

Il serait banal d'étudier l'histoire, même l'histoire des événements contemporains, si l'on n'avait l'intention d'en tirer une morale, un enseignement. Il ne nous semble pas difficile de déduire la morale que nous enseigne la situation critique de la Grande-Bretagne à l'époque présente. Nous avons vu chez nous des politiques de fantaisie se croire de sages novateurs, parce qu'ils prêchaient des doctrines singulières de nationalité qui devaient remanier la carte de l'Europe ; on comprend maintenant la fausseté de ces doctrines prétendues historiques, qui ont le passé en leur faveur, mais le présent contre elles, et qui tournent en définitive à notre détriment. En Angleterre, les chambres et les ministères ont adopté la politique égoïste, l'abstention, la paix à tout prix. Les plus hardis, comme M. John Stuart Mill, ont été jusqu'à soutenir que les traités internationaux sont invalides par essence quand ils imposent une diminution de souveraineté, et que la Russie a parfaitement raison de répudier les stipulations onéreuses de 1856. En somme, à quoi tout cela aboutit-il ? La France est écrasée pour avoir revendiqué ses frontières rhénanes. L'Angleterre s'efface du conseil européen parce qu'elle a compté que la paix serait éternelle, et qu'il se trouve que la guerre est imminente. Revenons-en donc, et ce ne sera que sagesse, à la doctrine si longtemps et si injustement bafouée de l'équilibre européen. Celle-là du moins n'a pas fait couler le sang ni entassé des ruines. Ce sera plus tard la punition de M. de

Bismarck d'avoir adopté, sans en oublier une, toutes ces funestes théories modernes, d'avoir enseigné le dogme des nationalités à propos de l'Alsace et de la Lorraine, le mépris des traités à l'égard du grand-duché du Luxembourg, et la politique d'abstention envers les nations auxquelles il ne fait pas la guerre.

Pourquoi faut-il que notre pauvre humanité se laisse éternellement guider par des chimères ? L'erreur de ceux qui gouvernaient la France depuis dix-huit ans fut de prétendre à la suprématie militaire universelle. L'erreur de l'Angleterre a été de sacrifier le souci de sa défense à l'amour de la paix. L'erreur de l'Allemagne est en ce moment de ravager l'Europe au profit des théories du pangermanisme et d'unité nationale. Et que de sophismes les Allemands n'ont-ils pas entassés à l'appui de cette erreur qu'ils déploreront quelque jour ! Au sortir des tripots de Bade et de Hombourg, ils déclament contre l'immoralité française. Sans cesse de se dire gens pieux et doux, ils brûlent les villages de sang-froid et fusillent les francs-tireurs prisonniers. Ils ont commencé la guerre sous prétexte de se défendre contre l'invasion française, ils l'ont continuée après Sedan par esprit de conquête, et ils l'achèvent en déclarant qu'il leur faut défiler sur les boulevards de Paris par gloriole militaire. Ils sont la nation en armes, comme les Huns le furent jadis. M. de Bismarck l'a dit, et ses paroles sont l'évangile moderne : « ce n'est ni par des discours ni par des votes que l'on améliorera la condition sociale et politique de l'Allemagne, c'est par le fer et par le sang. »

Quant à nous, qui avons horreur du fer et du sang et qui ne croyons pas à la puissance civilisatrice de la guerre, si nous nous consolons par une confiance virile dans les ressources de la France, quelque émus que nous soyons par les malheurs de la patrie, nous nous inquiétons des menaces qui vont peser indéfiniment sur l'Europe. Il nous paraît hors de doute que l'Allemagne, qui a brillé par ses savants, par ses poètes, par son industrie, au temps où l'existence de nombreuses capitales favorisait tous les essors, l'Allemagne, centralisée par le despotisme militaire, se réveillera de ce mauvais rêve d'une unité fantastique ; mais en attendant elle se dispose à introduire dans les destinées de l'Europe une question française, comme il y a eu déjà une question polonaise, une question d'Italie, comme il y a encore une question d'Orient. L'empereur Guillaume, M. de Moltke et M. de Bismarck sont à eux trois la monnaie d'un

Henri Blerzy

Napoléon Ier ; ils ont pour levier ce que n'a pas eu ce conquérant, une nation façonnée depuis longtemps au service et à la discipline militaires. Quel plus bel instrument de conquête que le royaume de Prusse, monarchie belliqueuse dont chaque province fut acquise par une bataille, dont chaque citoyen est soldat, dont chaque soldat est une machine obéissante ! Si nous en sommes victimes, les Allemands en sont dupes. Ils ont cru travailler pour l' Allemagne entière ; en résumé, c'est au profit de la Prusse seule que tourne la guerre de 1870-71, aussi bien que celle de 1866. L'Alsace et le Luxembourg, gouvernés par des fonctionnaires prussiens, occupés par des armées prussiennes, seront le moyen de prendre en flanc les états du sud le jour où ils deviendraient récalcitrants au joug impérial. C'est le roi de Prusse qui recueille les honneurs, et ce sont ses alliés qui perdent leurs prérogatives souveraines. Peu importe après cela que les rois de Bavière, de Wurtemberg et de Saxe aient droit de contrôle sur la politique étrangère de l'empire. M. de Bismarck nous a fait voir par l'affaire du Luxembourg qu'il sait transformer en grave offense un simple péché véniel. D'ailleurs le pangermanisme est un prétexte dont l'efficacité n'est pas près d'être épuisée ; la nécessité de la défense nationale en est un autre qui n'a presque pas servi. Tout ce qui a parlé allemand à une époque quelconque de l'histoire, tout ce qui a fait partie de l'empire romain du moyen âge, tout ce qui a été peuplé jadis par les Teutons, tout cela peut être réclamé au même titre que l'Alsace et la Lorraine. Le Rhin est un fleuve allemand, dira-t-on aux Suisses et aux Hollandais ; il est juste que le territoire qu'il arrose dépende de l'Allemagne depuis les glaciers des Alpes jusqu'à la mer. La défense nationale de l'Allemagne exige qu'elle ait une marine et des ports de mer, dira-t-on à la Belgique et au Danemark ; donnez-nous le littoral de la Mer du Nord. Ces revendications, on le comprend, n'ont que des limites vagues, parce qu'elles n'ont que des causes mal définies. Une telle politique aurait dû être combattue dès le début, ce que l'Angleterre n'a pas osé faire. Au lieu de dénoncer avec vigueur l'ambition démesurée de la Prusse, le ministère britannique n'a songé qu'à organiser ce qu'il a appelé la ligue des neutres. Soi-disant pour localiser la lutte, il a contraint par son attitude l'Autriche, la Hollande, les états Scandinaves à rester tranquilles spectateurs d'une guerre atroce. Rien ne pouvait être plus favorable au vainqueur

et plus fatal au vaincu que cette indifférence calculée dont les dépêches de M. de Chaudordy ont éloquemment signalé les funestes
conséquences. Enfin le mal est fait, l'Angleterre nous a abandonnés
dans le malheur. En attendant que cette grande nation se réveille
et redevienne notre alliée fidèle, comme ses traditions, ses intérêts
et la justice lui en faisaient un devoir, c'est à nous qu'il appartient,
malgré nos désastres, d'organiser la ligue de défense, c'est à nous
de dire aux Belges et aux Suisses, aux Hollandais et aux Danois, et
même aux Russes et aux Autrichiens, qui possèdent, eux aussi, des
provinces allemandes : La paix n'est qu'une trêve ; soyons en garde
contre l'ennemi commun !

ISBN : 978-1534870949

www.ingramcontent.com/pod-product-compliance
Lightning Source LLC
Chambersburg PA
CBHW062030280526
45787CB00005B/2276